L'ARISTOCRATIE

DANS

LES SOCIÉTÉS MODERNES.

JANVIER 1838.

DE

L'ARISTOCRATIE

DANS

LES SOCIÉTÉS MODERNES

Tous les hommes qui pensent et agissent en politique, les hommes de théorie et les hommes d'action, tous, d'un accord presqu'unanime, reconnaissent que les questions de principes sont maintenant vidées ; que les questions d'intérêts matériels seules, doivent désormais fixer l'attention publique. Voilà ce qu'ils répètent, ce qu'ils publient sans relâche. Et cependant, ceux-là mêmes qui déclarent les questions de principes déchues de leur importance et de l'intérêt qui s'attachait jadis si puissamment à elles, ceux qui les proclament mortes pour le présent et pour l'avenir, en font néanmoins le sujet de leurs discours et de leurs écrits. Discutées sans cesse, reproduites sous toutes les formes, les questions de principes se voient encore discuter et reproduire sans cesse. Ce sont elles qui animent et colorent nos débats politiques; ce sont elles qui inspirent à nos orateurs et à nos écrivains leurs œuvres les plus applaudies.

Et ce qui a lieu de nos jours a eu lieu aussi dans tous les États libres et à toutes les époques. Partout où la discussion est permise, il a été donné aux grandes questions d'organisation sociale d'exciter vivement et constamment les passions publiques, de faire naître de profondes émotions au sein des masses, et même d'y soulever des orages redoutables. Quelle que soit la nature de gouvernement, quelques garanties qu'aient obtenues les citoyens, ceux-ci sont entraînés par une sorte d'instinct, et souvent d'inquiétude vague, à remettre de nouveau en question ce qu'ils croyaient naguère définitivement constitué. C'est ainsi que dans les républiques anciennes comme dans les pays modernes, sous les gouvernemens démocratiques comme sous les monarchies constitutionnelles, on a combattu pour les mêmes principes sans que jamais la fatigue et la satiété aient fait tomber les armes des mains des combattans. C'est ainsi qu'aujourd'hui nous défendons ou nous attaquons ce que nos devanciers ont attaqué ou défendu.

Imaginez une société nouvelle, encore dans le travail de l'organisation première. Tout y est confusion : rien de précis, rien d'arrêté, vrai dédale politique où ni les hommes ni les choses ne sont à leur place. Au milieu de cet assemblage informe qu'est-ce qui appellera d'abord les soins du législateur ? Ce sera la constitution sociale. Il se demandera quels pourront être les droits des citoyens, ce que devra être leur position politique individuelle et respective. Ce problème sera long et difficile à résoudre. Des obstacles se présenteront, des prétentions seront élevées, les clameurs des partis se feront entendre. Chaque principe aura ses adversaires et ses partisans; chaque idée deviendra un champ de bataille. Puis, lorsque la victoire sera restée au plus fort, lorsque le calme de la discussion aura remplacé l'animosité des conflits politiques, une autre lutte s'organisera, moins violente sans doute, mais non moins réelle. Les vainqueurs combattront pour conserver ce qu'ils auront acquis, les vaincus pour obtenir ce qu'on leur aura refusé. Vainement le législateur s'efforcera de concilier tous les intérêts : des changemens seront réclamés, des innovations exigées, et lui-même se trouvera dans la nécessité de modifier son œuvre ou de la voir détruire.

De toutes les exigences d'un peuple libre, la première, et aussi la plus impérieuse, est un contrôle général, universel. Politique, administration, jurisprudence, tout ce qui constitue l'élément des sociétés, tout s'incline devant cet esprit d'investigation, tout reconnaît son autorité souveraine. Mais ce contrôle ne peut s'exercer que sur un sujet quelconque; et les sujets, en politique, ne sauraient être perpétuellement variés. Voilà pourquoi, faute d'un aliment nouveau, l'esprit public revient involontairement aux idées fondamentales qui lui ont été déjà si souvent soumises. Sans doute elles sont modifiées par les mœurs ou par les circonstances ; mais elles n'ont jamais cessé d'être les mêmes : la forme seule a changé.

Parmi les questions de principes qui ont été agitées dans les États libres, il en est une que ni la discussion ni la science n'ont pu résoudre. Les faits eux-mêmes qui jettent sur toutes les obscurités une si vive lumière, les faits sont restés impuissans à l'éclaircir. C'est la question de savoir à qui doit appartenir la puissance, au grand nombre ou au petit nombre ; à la multitude, ou à l'élite des citoyens. De là, comme d'une source intarissable, découlent toutes les vicissitudes politiques dont l'histoire nous a transmis le souvenir, et dont nous sommes nous-mêmes journellement témoins ; de là cette chaîne non interrompue d'événemens si divers par leur nature, si semblables par leur cause. Il y a donc eu, dès l'origine, deux principes en présence, deux drapeaux levés au nom de deux idées contraires, combat incessant, inexorable, où les deux partis tour-à-tour vainqueurs et vaincus, jamais découragés, ont appelé à leur secours les passions bonnes et mauvaises, les préjugés et la raison, la force et la pensée. Souvent, presque toujours, on a abusé du succès ; la modération a été méconnue, et la violence elle-même a préparé sa propre ruine. Aussi, les commotions soudaines, les retours imprévus se sont succédé sans relâche, et sans relâche un pouvoir nouveau s'est élevé sur les débris du pouvoir qui l'avait précédé.

Si cette lutte était terminée, si elle avait passé par

toutes les phases qu'il lui est donné de parcourir, nous serions fixés aujourd'hui sur l'état de la société ; nous n'aurions plus qu'à l'accepter telle que le principe vainqueur nous l'aurait faite. Il n'en est point ainsi : la lutte n'est pas finie, et nul ne peut lui assigner un terme. Mais quel a été l'effet de cette même lutte sur la société actuelle ? Quelle marche lui a-t-elle imprimée ? Voilà ce qu'il importe de constater, voilà la question que tant d'esprits éclairés se sont posée, et se posent encore chaque jour. La plupart l'ont résolue en proclamant la société démocratique, entièrement démocratique.

Cette opinion me semble erronée ; je pose en fait au contraire que notre société française, dans sa constitution, est aristocratique, tout aristocratique.

Tout le monde entend-il la même chose par aristocratie ? Ce mot peut être pris dans des acceptions bien diverses : l'aristocratie, aux yeux des uns, ce sera l'ancienne noblesse ; aux yeux des autres, ce sera la classe riche, la classe de la propriété et de l'industrie. Pour moi, l'aristocratie c'est le petit nombre qui exerce la puissance sur le grand nombre ; le petit nombre qui gouverne, quelle que soit d'ailleurs la position sociale des individus qui le composent. Ainsi, partout où une fraction de la société possédera la direction de cette même société, je verrai là une aristocratie.

Un fait que l'on perd de vue trop souvent, c'est que l'aristocratie, c'est-à-dire la portion de la société qui régit la société tout entière, change de nature suivant les formes de gouvernement. Ces formes peuvent se réduire à trois : les républiques, les monarchies constitutionnelles et les monarchies despotiques. Or, l'aristocratie du républicanisme n'est pas celle du despotisme, de même que toutes les deux diffèrent essentiellement de l'aristocratie constitutionnelle. Confondre ces trois sortes d'aristocraties, c'est n'avoir égard ni aux diversités des gouvernemens, ni aux influences toutes contraires qu'ils exercent respectivement sur les sociétés. Voilà l'erreur dans laquelle on tombe trop souvent, et voilà aussi la source de tant de contradictions. Maintenant, si nous prenons une à une ces différentes espèces de gouvernement, si nous tenons compte des conséquences que chacune d'elles entraîne avec elle-même, une vérité éclatante se manifestera pour nous : c'est que dans les monarchies despotiques, comme dans les constitutions républicaines ou constitutionnelles, chez tous les peuples et dans tous les temps, partout enfin où il y a eu agglomération d'individus, et par suite masse d'hommes à conduire, il a existé un petit nombre dominateur du grand, entre les mains duquel était concentré le pouvoir, et dont la volonté, juste ou injuste, arbitraire ou légale, a été plus ou moins, mais constamment obéie.

En France, par exemple, prenez l'aristocratie dès son origine, suivez-la dans ses développemens, vous verrez qu'elle a subi de grandes transformations, qu'elle s'est personnifiée :

D'abord dans la féodalité,

9

Ensuite dans le pouvoir royal,

En dernier lieu dans la classe électorale.

Long-temps la société, mélange de conquête et d'oppression, n'eut d'autre représentant que le petit nombre. La masse, attachée à la glèbe qu'elle fécondait de ses sueurs, souffrait dans l'humiliation et dans le silence. A cette époque, les mots d'aristocratie et de démocratie n'avaient ni valeur ni signification : car pour qu'il existe des classes supérieures il faut qu'il existe aussi des classes inférieures : or, le grand nombre ne formait pas même une classe. Les gouvernans ne soupçonnaient pas plus qu'on pût leur contester leurs droits acquis que les gouvernés ne supposaient qu'il y eût pour eux des droits à acquérir. Une société semblable devait être un jour ou détruite ou régénérée. Aussi, quand l'heure de l'émancipation arriva, et que les peuples, sortant enfin d'un long assoupissement, se furent surpris à penser, ils se comptèrent après avoir compté leurs oppresseurs. Bientôt, le fait matériel de la disproportion numérique amena l'idée morale du droit. Dès ce moment les deux principes furent opposés l'un à l'autre. L'aristocratie, menacée dans ses priviléges, les défendit d'abord par la force et ensuite par une politique habile. Vaincue dans sa lutte contre le principe démocratique uni au pouvoir royal, elle s'unit à la royauté pour combattre la démocratie. Elle avait, par ce seul fait, subi une première transformation, non pas de bon gré sans doute, non pas sans résistance, mais uniquement parce que toute autre voie de salut lui était fermée. Le

roi devint la personnification du principe aristocratique; l'aristocratie se serra autour de la royauté, elle se
confondit, elle s'identifia avec elle. Tant que les rois
avaient vu dans l'aristocratie une rivale redoutable,
ils avaient été les plus actifs et les plus constans des
niveleurs, ils s'étaient efforcés de tout égaliser au-
dessous du trône. Mais sitôt qu'ils aperçurent les im-
menses progrès de la démocratie, ils appelèrent à eux
toutes les sommités sociales, afin d'entourer la cou-
ronne d'un rempart qui la protégeât contre les en-
vahissemens révolutionnaires. Aristocratie devint sy-
nonyme de royauté : ces deux pouvoirs, confondus
tous deux dans la haine publique, furent tous deux
renversés du même coup, et tous deux reparurent
plus tard, mais modifiés suivant les usages, suivant
les nécessités d'une ère nouvelle.

C'est la dernière et la plus importante des transformations qu'ait subies l'aristocratie. Le petit nombre, dominateur du grand, s'est, non pas étendu,
mais déplacé. Ce pouvoir, cette prépondérance,
exercés par l'aristocratie, d'abord au nom de la féodalité, puis au nom de la royauté, ont passé définitivement à la classe électorale, à cette classe si impro-
prement nommée classe moyenne. En effet, bien que
la classe électorale soit au-dessus des masses qui ne
participent en rien aux droits politiques, elle ne peut
être inférieure à aucune autre classe, puisqu'il n'en
existe aucune au-dessus d'elle. Avec la classe électorale se confondent ces individualités dont on préten-
drait en vain faire une classe, ces noms plus ou moins

illustres qui ont survécu à un passé perdu sans retour, et à qui l'habitude accorde une sorte de supériorité, non pas politique, mais sociale. Ces individualités ne possèdent d'autres droits que ceux qu'elles exercent conjointement avec le commun des électeurs. Réunies, elles ne se distinguent en rien de la classe électorale ; prises isolément, elles jouissent de certains avantages chaque jour plus contestés et chaque jour moins désirables. Mais il ne faut pas perdre de vue que ces mêmes avantages, dernier reste de vieux préjugés, dernier reflet de mœurs infirmes et caduques, n'existent plus que dans les rapports d'homme à homme, qu'ils sont au contraire un obstacle dans les rapports politiques. Un grand nom, une haute naissance pourront ouvrir certaines voies, pourront aplanir certaines difficultés; mais de la part du corps électoral, de ce corps souverain qui donne et ôte le pouvoir, ils seront souvent accueillis avec défiance, et quelquefois même ils se verront repoussés.

Des esprits d'élite, des hommes de gouvernement, effrayés à la vue des révolutions irrésistibles qui s'opèrent dans la société, ont conçu la pensée d'en arrêter le cours, d'en neutraliser les résultats. Dans ce but, ils s'efforcent de créer une aristocratie, de contenir la nation par une partie de la nation. Chaque jour ils proclament la souveraineté de la classe moyenne, son triomphe aux dépens de la classe supérieure et de la multitude. Leur point de départ est faux et leur tentative inutile. D'abord, ils admettent comme réelle l'existence d'une classe nobiliaire qui est maintenant détruite. En second lieu, cette aristocratie qu'ils rêvent, dont ils sentent si vivement la nécessité, cette aristocratie n'est point à faire, elle est toute faite, toute constituée, tout organisée. Seulement, elle est dans la classe électorale, et non dans la classe moyenne, deux classes sans cesse confondues, mais qui sont loin d'être identiques. Que veulent donc ceux qui réclament la suprématie pour la classe moyenne? Sans doute leur dessein est de retirer l'autorité des mains de la multitude, pour la concentrer aux mains d'un petit nombre. Or, cette autorité, elle appartient à une classe bien plus restreinte, bien moins nombreuse, bien moins peuple que la classe moyenne; elle appartient à une classe composée de ceux et seulement de ceux qui, par droit d'élection, participent au gouvernement de l'Etat. Ainsi, quelque innovation que l'on prétende introduire dans l'ordre social, soit pour déplacer, soit pour anéantir la prépondérance du petit nombre sur le grand, toutes ces volontés, tous ces efforts, viennent se briser devant un fait notoire: c'est qu'aujourd'hui, à tort ou à raison, avec l'assentiment ou contre le vœu public, au préjudice ou dans l'intérêt du pays, la classe électorale, c'est-à-dire la minorité, est en possession du pouvoir à l'exclusion des masses; en un mot, qu'elle constitue une véritable et complète aristocratie.

Une fois ce principe reconnu, l'on peut aisément concevoir tout ce qu'il y a de force et de vitalité dans une catégorie de citoyens seule admise à jouir du privilége de la représentation nationale. Ce privilége, légalement transmis avec la fortune, se perpétue dans les familles, et fait passer de génération en génération l'exercice de la puissance politique. L'hérédité des droits électoraux, pour être subordonnée à des conditions de richesse, n'en est pas moins une hérédité circonscrite dans des limites étroites. Chacun, en perdant la richesse, perd le droit dont elle est la cause ; mais la perte du droit ne précède jamais celle de la richesse. Du fait de la possession dérive le droit, mais de ce fait seulement. Un homme n'est électeur que parce qu'il est propriétaire ; c'est à ce titre, et uniquement à ce titre, qu'il lui est permis de donner son suffrage. En cela, l'aristocratie nouvelle est de beaucoup supérieure à l'ancienne. Autrefois, la volonté des gouvernans créait des nobles ; aujourd'hui, il n'appartient à personne de faire un électeur.

Le corps électoral ne relève donc d'aucun pouvoir ; son indépendance est garantie par les lois et par la place qu'il occupe dans la société. Le nombre des suffragans, leur fortune, leurs habitudes, tous les met à l'abri du soupçon ; tout fait ressortir d'une manière éclatante leur haute moralité. Peut-être quelques exceptions ont pu se présenter isolément, mais la masse est toujours restée pure ; et chaque fois qu'il a fallu défendre une idée généreuse ou populaire, elle a repoussé toutes les tentatives des corrupteurs. Le corps électoral, inébranlable dans ses opinions, impatient de tout joug servile, dirige et ne se laisse point diriger. Il ne lui est pas permis, il ne lui est pas possible de céder à aucune influence.

Cette volonté indépendante ne puise pas tous ses moyens d'action dans le privilége légal du suffrage : il en est d'autres pour elle, et de bien plus puissans encore. La grande force du corps électoral, à part toute préoccupation politique, réside dans ses avantages matériels, dans sa richesse. Voilà ce qui lui donne une prépondérance si décidée. Par cela même que la propriété est dans ses mains, il fait vivre, il nourrit les populations industrielles et indigentes ; il est libre de leur fournir du travail ou de leur en refuser, libre de hausser les salaires ou d'en abaisser le taux. Sans doute, la propriété n'est pas seulement dans la classe suffragante ; mais elle s'y trouve en grande partie. Aussi, quant à l'influence directe, exercée par ceux qui ont sur ceux qui n'ont pas, elle est forcément acquise aux électeurs. On ne peut nier qu'il y ait là une sorte de domination imposée par le riche au pauvre, domination qui résulte des inégalités sociales, qui a toujours été vue, et que l'on verra toujours. Quant à l'influence dans les rapports d'homme à homme, on se convaincra qu'elle est encore dévolue aux mêmes individus, si l'on observe que la supériorité de l'éducation et les avantages de la science existent là où se trouve la fortune. Le contact de l'aristocratie avec les classes infimes est de nos jours bien plus fréquent, bien plus immédiat que dans les époques antérieures. Et, néanmoins, la distance qui séparait, sous le point de vue des lumières, la classe privilégiée des masses, n'a point diminué. Au contraire, il y a eu disproportion entre les progrès du petit nombre et ceux du grand. L'instruction s'est répandue dans les classes fortunées, dans le corps électoral surtout; mais elle est loin d'avoir pénétré dans les classes prolétaires. Cependant, de même que la richesse, la science n'est pas un monopole, elle n'appartient pas exclusivement à une seule classe ; mais en général, et les exceptions écartées, la science comme la richesse sera toujours le partage d'une corporation de citoyens, d'une aristocratie. Il faut donc reconnaître qu'indépendamment de son influence politique, le corps électoral, même sous les gouvernemens les plus constitutionnels, même dans les pays les plus libres, exerce une influence morale et matérielle sur la multitude, qu'il la domine d'esprit et d'action, qu'il lui marque sans cesse une voie à suivre et un but à atteindre.

Des droits aussi étendus, aussi larges, devaient être d'autant plus ambitionnés qu'ils étaient précieux. Tous les hommes, presque tous du moins, rendent hommage au talent; ils s'inclinent sans trop de résistance devant les supériorités intellectuelles. Que des prérogatives soient la récompense du mérite, la rémunération du génie, on ne les entendra ni se plaindre ni réclamer. Mais que la richesse devienne le signe de la puissance, qu'à elle seule soient attachés le droit de suffrage, la suprématie politique, en un mot les plus grands, les plus importans priviléges, c'est ce qu'ils voient avec envie, c'est ce qu'ils souffrent avec peine. Le désir, si naturel à chacun, d'obtenir une part d'influence, a fait naître cette réflexion : c'est que dans ces mêmes priviléges , il n'y a rien qui soit accordé à la valeur personnelle de l'individu ; c'est que leur possession est subordonnée à des conditions de propriété auxquelles il est rarement donné de satisfaire, conditions qui peuvent être remplies sans travail par les uns, et qui sont pour d'autres , malgré les plus constans efforts , des barrières infranchissables. De là, sans tenir compte des nécessités sociales, on est arrivé à conclure que ces droits inhérens à la richesse étaient illusoires, que tout homme, en sa qualité d'homme, devait participer au gouvernement du pays, enfin que nul ne devait être exclus, et que toute voix devait être comptée. Ainsi, c'est au nom de la dignité humaine , c'est au nom de la raison et de la justice, qu'a été proclamée la théorie du suffrage universel. Mais comment se fait-il que ce qui a paru raisonnable et juste dans la théorie , ait toujours semblé déraisonnable et injuste dans la pratique? Comment se fait-il que cette théorie, chaque fois que l'on a prétendu l'introniser chez un peuple, n'ait pu chaque fois ni durer ni réussir? Comment se fait-il que ses plus chauds défenseurs, après en avoir long-temps prôné l'excellence, aient fini par en reconnaître le vide et le danger?

Il y a donc en elle quelque chose de vicieux, d'incompatible avec les principes fondamentaux des sociétés. S'il n'en était pas ainsi, les tentatives fréquemment renouvelées en sa faveur, n'auraient pas été toujours vaines, toujours inutiles : il se serait trouvé un siècle, une nation, où la théorie du suffrage universel aurait reçu, comme toutes les autres théories, une application franche et sérieuse. Or, dans les républiquess anciennes ou modernes, sous les gouvernemens les plus démocratiques, elle a été un mensonge, un fantôme offert à la crédulité des peuples, un masque sous lequel se sont déguisées l'ambition et la tyrannie.

Bonne ou mauvaise en soi, la théorie du suffrage universel a été impraticable; elle l'est encore aujourd'hui : non que la démocratie n'ait fait de vastes progrès, non que les idées d'égalité ne soient devenues plus communes ou plus puissantes; mais parce que notre constitution sociale est éminemment aristocratique.

Un obstacle que rencontrera constamment la souveraineté du nombre, c'est cet esprit de conservation qui porte les hommes à consolider la puissance dans leurs mains, et non à la faire partager à d'autres. Jamais une catégorie de citoyens ne consentira à diminuer, par un partage, la valeur des priviléges qui sont pour elle une propriété exclusive. Quel que soit le patriotisme des corporations constituées, quelqu'à l'abri qu'elles puissent être des préjugés et des erreurs, toutes, aristocratiques ou républicaines, despotiques ou libérales, sont atteintes d'une sorte d'égoïsme habituel à l'homme, inhérent à sa nature, qui leur fait préférer leur intérêt propre à l'intérêt public.

Est-il probable, par exemple, que le corps électoral, cette aristocratie de richesse, de lumières,

d'autorité politique, que le corps électoral, si privilé-
gié, si puissant, partagerait volontiers avec le reste
de la nation ses priviléges et sa puissance? est-il probable qu'il se résignerait sans peine à descendre au
niveau de tous après avoir été si long-temps au-dessus
de tous? Non, cela ne peut pas être. Des prérogatives partagées ne sont plus des prérogatives; un semblable partage serait une renonciation. Le corps
électoral, à moins de se détruire lui-même, ne peut
admettre la société tout entière à jouir des droits électoraux. Par sa nature, par ses intérêts, il est contraint
à défendre ses priviléges, et à s'opposer aux envahis-
semens démocratiques. Son rôle, à lui, c'est la résistance.

Cette résistance est basée sur tout ce qui peut la
rendre énergique et durable. La richesse, l'instruction, l'autorité morale, la souveraineté politique, tels
sont ses leviers, ses moyens d'exécution. A de pa-
reilles forces que pourrait opposer la démocratie? Le
nombre, arme redoutable, et dangereuse à manier.
Il faut le reconnaître : le nombre a beaucoup fait,
mais il a fait lentement; le nombre s'est délivré de
l'oppression, mais il lui a fallu de longs espaces de
temps pour briser ses fers; le nombre a acquis des
droits, mais il a mis des siècles entiers à les con-
quérir.

Ainsi, dans le cours ordinaire des choses, dans les
époques de calme et de tranquillité, la démocratie n'a
qu'une action lente et progressive; ses forces, c'est-à-
dire le nombre, répandues, disséminées, ne sauraient

être promptement réunies. Au contraire, l'aristocratie suffragante puise dans son unité une vigueur irrésistible; et néanmoins cette unité n'est pas, à beaucoup près, ce qu'elle pourrait devenir: elle n'est encore que locale, elle n'existe qu'isolément. Mais que serait-elle, si les colléges électoraux, avertis par le péril, et se serrant pour mieux résister, agissaient de concert dans leurs actes politiques! Les résultats d'une pareille unité sont faciles à prévoir. Que dans un même pays, dans un même temps donné, toutes ces influences viennent converger au même point, que tous ces efforts tendent au même but, et aussitôt on aura la corporation la plus compacte, l'aristocratie la plus formidable qui ait jamais pesé sur un peuple ; aussitôt, les masses reconnaîtront l'autorité et le bras d'un maître.

La multitude, quelque amélioration qu'on puisse apporter à son sort, quelques tentatives que l'on fasse pour l'organiser et l'élever, la multitude est-elle en état de ravir la puissance à une semblable aristocratie? inférieure en richesse, inférieure en savoir, inférieure en lumières, se placera-t-elle au-dessus d'une minorité toujours plus riche, toujours plus instruite, toujours plus éclairée? Beaucoup l'affirment : ils ont assisté aux triomphes de la démocratie; ils ont vu ses conquêtes, et ils prédisent qu'elle doit tout envahir. Cela n'est, à mon sens, ni probable, ni possible. Sans doute la démocratie ne s'arrêtera pas encore ; mais elle est presque au bout de sa carrière. Être libre, être respectée, voilà ce qu'elle a voulu, voilà ce qu'elle a obtenu. Sa part a été large ; elle s'en contentera : exiger plus, ce serait s'exposer à perdre tout. Pour arracher le pouvoir à ceux qui le possèdent, il lui faudrait renverser, non pas une caste nobiliaire , non pas une aristocratie vaine et chimérique, mais une aristocratie de propriété et d'instruction. Celle-là est à l'abri des bouleversemens , elle peut braver les attaques et les dangers ; elle est trop nombreuse pour se laisser proscrire, trop habile pour se laisser surprendre , trop énergique pour se laisser vaincre.

Heureusement, plus nous allons, et moins ces conflits sont possibles. La démocratie comprendra que désormais le temps de la violence est passé, que l'ère de la modération est venue. L'expérience le démontre : les révoltes , les soulèvemens ont toujours nui aux idées démocratiques, ont toujours retardé leur triomphe. Si , dans les dernières époques, la démocratie a tant gagné, c'est qu'elle a fait preuve de calme et de prudence ; c'est qu'elle a pris pour devise l'ordre et la loi. Par là seulement elle a grandi; par là seulement elle s'est maintenue. Un des progrès qui lui restent encore à faire, c'est de borner elle-même ses conquêtes, c'est de se convaincre qu'on ne lui a pas refusé tout, parce que tout ne lui a pas été accordé. Voilà la tâche que doit s'imposer la démocratie, voilà le chemin où elle entre aujourd'hui. Quels que soient les efforts de ceux qui voudraient l'associer à leurs passions , elle se soumet à la loi ; elle respecte les pouvoirs publics légalement institués. Il y a là un fait palpable, un fait immense, qui témoigne du haut degré de civilisation où nous sommes parvenus. C'est déjà beaucoup ; mais la démocratie peut encore davantage : ce qu'elle peut, c'est de remplacer cette soumission matérielle par une soumission morale, c'est de substituer à cette obéissance forcée une obéissance volontaire et libre. Or, pour atteindre à cette perfection, il lui faudra s'éclairer par un travail toujours pénible, souvent infructueux. Il n'est pas vrai que les lumières réveillent l'ambition dans le cœur des hommes ; il n'est pas vrai qu'elles y fassent germer l'envie et la haine. Ce sont elles qui instruiront la démocratie à ne pas envier ce qu'il ne lui est point donné d'avoir, à ne pas haïr ceux qui exercent avec succès un pouvoir qu'elle ne saurait elle-même posséder sans péril.

Ainsi, la subordination légale des volontés individuelles est le caractère dominant de notre société. Tous n'admettent pas la suprématie du corps suffragant, mais tous reconnaissent la loi qui en émane.

Par là, le grand nombre accepte la souveraineté du petit nombre ;

Il y a donc une aristocratie,

Aristocratie constitutionnelle, aristocratie toute moderne comme la société qu'elle représente. Celle-là n'a rien de commun avec le vieux passé aristocratique ; le présent lui appartient, et l'avenir est à elle : car, loin de rester stationnaire, loin de se refuser au progrès, elle marche avec le siècle et tend à s'agran-

dir ; plus la base sera large, et plus l'édifice sera so-
lide. Que l'aristocratie nouvelle comprenne l'importance et l'étendue de ses devoirs ; qu'elle sache que ,
si elle existe, c'est pour veiller aux intérêts du pays et
non pour lui imposer arbitrairement ses propres volontés ; qu'elle sache que son rôle est de faire oublier
sa prépondérance et non de la faire sentir. Alors ,
elle se sera montrée digne du rang qui lui est dé-
parti ; alors , elle se sera élevée à toute la hauteur de
sa mission.

Imprimerie de BRUN, Paul DAUBRÉE et Comp., rue du Mail, 5.